JN438217

어머니

이석락

| 제9시집 |

청옥

어머니

이석락 제9시집

인쇄일: 2015년 12월 13일
발행일: 2015년 12월 18일

지은이: 이석락
펴낸이: 최경식
펴낸곳: 도서출판 청옥문학사
인쇄처: 세종문화사

등록번호 제10-11-05호
전화: 051-517-6068
E-mail: kyu500@hanmail.net

ISBN 978-89-97805-41-9 03810

값 10,000원

* 이번 작품을 창작하는 데에는 한국예술인 복지재단이 [창작 준비금 지원]을 통해서 도움을 주셨습니다.

시인의 말

고향이 있다
찾아가면 없다
고향은 땅에 있지 않고 마음에 있다

마음에 있는 고향은 하나씩 스러지고
스러진 고향에 덧칠하여
혼자만의 엉뚱한 고향이 된다

진실이 아니면 고향이 아니다
남은 기억을 정리하여
고향이 그리울 때는
변하지 않은 고향에 갈 수 있다고
언제든지 갈 수 있다고
위안하리라.

고향 떠나 40년, 고향의 풀잎 하나까지도 알 것 같더니 이웃 마을 이름조차 잊고 기억하는 것조차 엉뚱한 것이 있습니다. 잊어버린 이름들과 잃어버린 추억을 찾아주신 친구들께 고마운 마음을 전합니다.

2015.12.8.

이석락

차례

제1부 옛터

잊었던 고향 …… 10
고향 생각 …… 11
고향에는 없더라 …… 12
고향의 가을 …… 13
실향가失鄕歌 …… 14
솔향기 …… 15
큰 바위 얼굴 …… 16
나무꾼은 산마루에서 생기生氣가 난다 …… 17
땔나무 이변 …… 18
무덤 …… 19
골짜기 다랑논 …… 20
모내기 철 …… 21
안강북부국민학교 …… 22
안강 장터 …… 23
배웅 길 …… 24
밤에 받은 선물 …… 25
원초적 고향 …… 26
몽골 별 …… 27
몽골 밤 …… 28
아침이 온다 …… 29
안강들 1 …… 30
안강들 2 …… 33
안강들 3 …… 34
낙산 학도병 위령탑 …… 36

제2부 그리움

오후 수업 ······ 38
졸음 ······ 40
장독 ······ 41
장독대 ······ 42
석류 ······ 43
정情 1 ······ 44
정情 2 ······ 46
그 집에서 ······ 47
오솔길 ······ 48
잊어버린 얼굴 ······ 49
세월 흔적 ······ 50
옛사람 ······ 51
달빛이 사랑한 ······ 52
안개 낀 봄날 ······ 53
고향 집에서 ······ 54
사진이라도 ······ 55
인생은 세월에 떠내려가는 나뭇잎 ······ 56
첫사랑에게 전하는 말 ······ 57
너 ······ 58
산책길에 문득 ······ 59
좋은 걸음걸이 ······ 60
전설의 생멸 ······ 61
양지밭 꿈 ······ 62
양지밭 약물탕 ······ 63

재 너머 나뭇길 ······ 64
우제등 ······ 66
정다운 우리말 이름이 사라진다 ······ 67
천한 이름 귀한 이름 ······ 68
육통중앙길 ······ 69
통학 열차 풍경 ······ 70

제3부 어머니

텃밭에 봄볕 쏟아지면 ······ 72
엄마의 사랑은 깊이를 알 수 없다 ······ 73
사랑한 흔적 ······ 74
엄마 집에 갔더니 ······ 75
굴레 ······ 76
어머니의 자장가 ······ 77
어머니의 유언 ······ 78
아들의 손 ······ 79
땅고갯길 ······ 80
엄마의 소원 1 ······ 81
엄마의 소원 2 ······ 82
엄마는 생각할까요 ······ 84
달빛 사냥 ······ 85
거짓말의 진실 ······ 86

제4부 아지랑이

이별가 1(시) 88
이별가 2(교과서) 89
이별가 3(고향 집) 90
이별가 4(집터) 92
이별가 5(들) 94
이별가 6(큰 거랑) 96
이별가 7(나뭇길) 98
이별가 8(추억만 아름다워) 100
고향 처녀 1(약수터에서) 101
고향 처녀 2(능골) 102
고향 처녀 3(황새말) 103
고향 처녀 4(아지매) 104
고향 처녀 5(입학식) 105
고향 처녀 6(중3 봄) 106
고향 처녀 7(근화여고) 107
고향 처녀 8(경주여고) 108
고향 처녀 9(새각단) 109
고향 처녀 10(남산여고) 110
고향 처녀 11(풀무단) 112
고향 처녀 12(능골) 113
고향 처녀 13(노당) 114
고향 처녀 14(모란) 115
고향 처녀 15(황새말) 116
고향 처녀 16(이웃집) 117
고향 처녀 17(안계 dam) 118
고향 처녀 18(옆집 누나) 119
고향 처녀 19(꽃과 나비) 120

제1부

엣터

잊었던 고향

물안개일까 비구름일까
아침 연기 같은 장막을 내리면
낮아진 하늘에
역광선逆光線 너머 산 그림자는 검푸르고
순광선純光線 너머 산은 먼지 뒤에 선다

산 너머
산 너머
검푸르다가 지쳐서 하얀 산
지평선으로 가물가물 사라지는 산
낯설다가 낯이 익은
자세히 보면 본 듯한
수더분한 산수화
고향 들녘에서 보던 풍경인데
고향 산마루에서 보던 풍경인데
까맣게 잊었다.

고향 생각

마른 잔디에 누워
깍지 낀 손을 베고 흰 구름을 보아라
봄 냄새가 난다
개울물 소리 건너온 바람
봄 냄새가 난다

솔가지 꺾어 잘근잘근 씹어라
봄맛이 난다
납설수 오른 달래 싹
봄맛이 난다

땅속에 뿌리박은 검불을 쓰다듬어라
마른 검불 사이 촉촉한 것은
봄의 입김이다
손가락 끝에 닿는 흙은
봄의 살결이다

오늘도 타향
창 너머엔
고향 뒷산 3월 하늘
석막강산에 나무꾼 소리
까투리 후두둑 날아오른다.

고향에는 없더라

아득히 바라보던 마을의 저녁연기
들일로 지친 때에 그보다 평온한 풍경은 없었다

임 실은 버스 황토 먼지 뒤로 가물가물 사라지던 넓은 들
다시 오리라는 기다림이 있었다

막걸리에 취해 무리 지어 친구 찾아가던 밭둑길
옹헤야 가락을 한밤에 울타리처럼 심었다

봉사활동이라고 버드나무 심던 하천 둑
도시로 가지 못한 쭉정이 청춘들이
살아있음을 알리려고 무척이나 잘난 척하고 싶었다

흩어진 친구 버려두고 세월만 갔구나
저녁연기도 황토 먼지도
내 이름을 쓰지 않아서 누가 주워갔을까
거친 겨울바람 40년, 먼지에 묻혔을까

고향 사람에게 부탁하여
옛일들에 내 이름 새겨두면
장대비가 묵은 먼지를 씻어낼 때
옹헤야 가락도 버드나무도 푸르게 살아날 것이다.

고향의 가을

하늘
구름
산
들

푸르다
가볍다
금빛 벼
언제나 그 자리

나도 저렇게
나도 저렇게

감출 것이 없다
빛진 것이 없다
믿음 주고
평화 준다

어머니….

실향가失鄕歌

고향에 남은 친구는
어릴 적 동무가 아니더라
고향에 남은 산천도
어릴 적 동무가 아니더라
고향 골목을 둘러보고
고향 들판을 헤매다가
소주잔에
어릴 적 친구들을 불러낸다
구운 삼겹살에
어릴 적 고향을 불러낸다

시내 산뜻한 식당에 앉아
옛 고향 마을 목로주점木壚酒店 긴 의자 밑에
막걸리 찌꺼기를 버린다는 착각으로
금빛 테를 두른 소주잔을 입술에 기울인다
옛 고향 마을 목로주점 긴 의자 밑에
노가리 대가리를 버린다는 착각으로
노릇하게 구운 삼겹살 한 점 입에 넣는다
친구 이야기에 귀 기울인다는 착각으로
벽에 걸린 소주 광고만 바라본다.

솔향기

솔향기 맡으러 고향으로 간다
개구쟁이가 꼴 베는 고향으로 간다
남풍 따라온 솔향기가
행복을 보리밭에 묻었다
개구쟁이 보리피리에
종달새가 날아오르면
행복도 솔향기도 하늘에 퍼진다
솔잎을 씹을 때 나오던 솔향기
가재 잡던 개구쟁이의 손바닥에서 나온다

개구쟁이 미소 속에 있던 솔향기
웅기종기 벗어놓은 꼴망태가
솔숲 어디엔가 숨겨놓고
나를 보고 웃고 있는 지
솔향기는
솔숲에도 없고
종달새 푸른 하늘
구름 저편에도 없다.

큰 바위 얼굴

산마루에 구름 걷히면
푸른 봉우리가 큰 바위 얼굴이 된다
우담바라uḍumbara*는 3,000년에 한 번 피지만
큰 바위 얼굴은 한 번도 나타나지 않았다

큰 바위 얼굴이 나타나면
금빛 세상이 되어
어느 것 하나라도 차별 없이
손잡고 살겠는데
산마루에 걸린 구름이 떠나지 않는다

산마루 구름을 날려보내면
독도 약이 되고 허물도 공이 된다
내 죽어 바람 되어 구름을 날려보내마
누가 큰 바위 얼굴을 붙들어다오

큰 바위 얼굴은 한 번도 나타나지 않았다.

* 우담바라: 산스크리트어. 불교 경전에서 말하는 꽃이다. 인도에 나무는 있지만 평소에는 꽃이 없다가 3,000년마다 한 번, 여래如來가 태어날 때나 전륜성왕轉輪聖王이 나타날 때에만 그 복덕으로 말미암아 꽃이 핀다고 한다. 장미군, 장미목, 뽕나뭇과, 무화과나무속, 우담화종.

나무꾼은 산마루에서 생기生氣가 난다

맑은 날 산마루는
분홍빛 서기瑞氣를 풀어내고
안개 덮인 산마루는
분홍빛 서기를 이슬에 담아낸다

비 지나간 산마루
비에 젖은 나뭇단을 덜어내고
지게 밑에 앉아서 보는 이슬이
반짝인다
짐이 무겁지 않으냐
힘들수록 힘내라고

나무꾼은 산 밑 제 집을 어림하며
큰 숨 한 번 들이쉬고
젖은 몸으로
지게 밑으로 들어간다.

땔나무 이변

산자락에서 산비탈 소들을 보면서
산자락에 놀던 아이가
소가 원하지 않은 쪽으로 가면
쫓아올라가 소를 몰아넣었는데
이제는 지척에 있어도 보이지 않는다

바지저고리 나무꾼이 하얗게 바글대서
소나무조차 사람 키보다 작았는데
소나무를 지키던 산막이 빈집이 되더니
무너진 기둥은커녕 터조차 풀에 덮이고
간벌한 나무들은 천막에 싸여 버려져 있다

갈비 짐 속에 생솔을 숨기고
산지기 눈을 피해 뛰었던 나무꾼이
산에서도 쓰레기가 된
간벌한 나뭇가지들을 보며
아아, 옛날이여.

무덤

사람 수는 줄어드는데
무덤 수는 늘어난다
마을 산은 수십 년 사이에 공동묘지가 되고
집집마다 보살필 묘가 산더미 같다
먹고살 일은 언제 다 할까

산에도 밭에도 무덤만 늘어
먹고살 나무는 가꾸지 못하고
농사지을 땅은 날마다 줄어
서둘러 먹고살 방법을 찾아야 한다

십 년이면 강산이 변한다는 말
산에서 알 수 있다
듬성듬성했던 묘들이 빽빽하니
어느 것이 내 집 묘인지 찾지 못하여
무덤 상석과 둘레석이 늘어난다
바위산을 뭉개고 돌을 캐내
흙산을 돌산으로 만든다.

골짜기 다랑논

개울물은 옛길을 따라 흘러도
개울의 주인은 물이 아니다
개울바닥에 촘촘한 나무가 하늘을 가리고
한 발만 떨어져도 앞이 보이지 않는다
산 중턱에 노는 소 떼를 지키면서
다슬기 줍고 가재 잡던 개울이 아니다

기마전 놀이터도 숲이 되었고
골목대장이 올라섰던 농바위도 숲에 덮여
이제는 부하를 통솔하던 지휘대가 아니다

다랭이논은 성묘객 주차장으로나 쓰이고
주차장이 못 되면 나무만 무성하다
산자락 밖의 넓은 논도 묵어 자빠지니
시골 땔나무만 소용 없는 게 아니라
산골 벼농사도 소용 없다.

모내기 철

안개 걷힌 마을에 저녁연기 피어올라
'해는 지고 달이 떴다 물꼬 보고 집에 가자'
모내기 노래도 뜨음해진다

점심 함지박 새색시 날렵한 모습도
새참 칼국수 구수한 냄새도 들에 널어두고
바지게에 우장과 못줄을 얹고
해거름 논둑길을 걸으면
못자리에 개구리 첨벙
보리논 물꼬마다 졸졸
끊어지듯 아팠던 허리도 말끔하고
덜 깬 막걸리 콧노래가 나온다

풀잎에 맺힌 이슬이
고무신에 질척거려도
어화둥둥 해방이야
달 뜰 때쯤이면
품앗이 말 맞춘 나는
네 활개 쭉 펴고
무릉도원에서 잠꼬대할 것이다.

안강북부국민학교

마을에서 가장 컸던 학교가 이제는
개인의 소막*보다 작고 비닐하우스 면적보다 좁다
옛 추억 밭두렁 논두렁 학교 길을 찾으니
옛길은 시작부터 밭고랑이 되어 있다
걷는 사람이 없어서 오솔길이 없어지고
차를 타고 빙 둘러가야 한다더니
학교조차 문을 닫았다

사라호 태풍 때 한쪽이 무너졌던 아홉 칸 기와집을
10년 뒤에 바꾼 근대식 건물 30여 칸
웅장한 빈 건물이 적막강산 운동장을 보며
아이들아 오너라 아이들아 오너라
마을에는 젖먹이 울음소리 끊어지고
쑥대밭 빈집만 늘어난다.

* 소막: 소를 키우는 집. 우사.

안강 장터

원당 사람은 큰 마을 서쪽 곧은 밭둑길로
큰 마을 사람은 존당을 가로질러
흥덕왕릉길에서 서로 만났다
존당 앞에서 동남쪽으로 곧은 왕릉길을 가다가
꼬부랑 논둑길로 창말 동산을 넘어 장에 갔다

경지정리 뒤 들길은 직각으로 꺾이고
세월 갈수록 걸어 다니던 옛길은 없어졌다
안강에 나가도 존당을 지나 직선으로 가지 않고
차를 타고 산대나 학지로 둘러간다
장터도 오일장으로 보기엔 번화하고
상설장으로 보기에는 빈터가 많다
소전(농우 매매)도 있는지 없는지
이웃 면 사람까지 장날 기다렸는데
이제는 아무 때나 잠깐 만에 구할 수 있어
장날에도 북적대던 그림자가 보이지 않는다.

배웅 길

형님이 직장으로 돌아가시는 길
집에서 오 리나 따라나섰다
그때의 배웅 길은 멀리까지 따라나갔다
초등학교 6학년에게 섭섭하고 아린 작별
창말 아이들이 무서워 창말 뒤쯤에서 돌아섰는데
가시는 길 넋 놓고 보다가 돌아서서 왔는데
흥덕왕릉 입구에서 주머니를 뒤져보니
작별할 때 주신 5백 원이 없어졌다

5백 원, 5백 원···
박정희 대통령 화폐 개혁 때 최고 고액권
지금 가치로 오만 원보다 훨씬 컸지
돌아섰던 길을 몇 번이나 오가며
물 마른 배수로와 도로 위를 보아도 없었다

집에서도 용돈을 받았는데
너무 멀리까지 따라나왔다고 가윗돈으로 주셨는데
아아, 내 오백 원.

밤에 받은 선물

밤새 내린 눈이 발등까지 빠진다
마당이며 담장이 하얗고
장독도 지붕도 하얄 때면
희한하도록 좋은 세상이 온 것이다

마당에 첫 발자국을 내며 개울까지 나가
십 리 밖 낙산까지 하얀 세상을 보면
산타할아버지 수레 자국이 있을 것 같고
밤새 천사들이 놀다 갔을 것 같아
천사 날개 깃털을 찾아 눈 위를 살핀다

눈 덮인 땅은 모두 하나님 땅
눈 덮인 모든 것은 천사의 것
두리번두리번 내 것을 찾으니
눈사람과 눈싸움이구나
이만큼 하야면 독도 없겠지
눈에 얼굴 도장을 찍고
눈에 뒹굴고 눈을 집어 입에 넣는다.

원초적 고향

아득한 초원에
할아버지 말 채찍 소리 가득하다
옛날에도 오늘처럼
초원에는 말먹이 풀이 가득하였을까

천해에서 사방으로 내달았다는 할아버님들
돌화살로 사슴을 잡고
호랑이 가죽을 걸치고 겨울을 났을까

내 고향은 천해天海*가 보이는 아이사타 구릉
나반那般* 할아버지 땅
귀리밥에 산토끼 고기로 잔치를 하고 싶다
밤에는 발을 모으고 둘러 누워 자고 싶다

아만阿曼* 할머니는 내가 오기를 기다리며
움집에서 말 젖으로 술을 빚어놓았을 거야
그때도 북극성은 아이사타*에
밤이면 별을 쏟아내렸을 거야
떨어진 별을 모아 가슴에 품어라
그 별을 따라 할아버지 땅으로 가자.

* 천해: 바이칼 호수.
* 나반과 아만: 인류의 조상.
* 아이사타: 나반과 아만이 만난 곳. 천해 부근으로 추정함.

몽골 별

별이 눈짓 몸짓으로 말합니다
나는 별들의 수화를 모릅니다
누구에게 하는 말인지도 모르지만
내게 하는 말이라고 듣습니다

별이 소곤소곤 수다를 떱니다
나는 별이 내는 소리를 듣지 못합니다
무슨 이야기인지 모르지만
내일도 좋은 날이라고 듣습니다

별이 무더기로 떨어집니다
우리는 떨어진 별에서 새 힘을 받고
별은 하늘로 돌아가며 노래합니다
오늘 밤도 별이 고운 노래를 보내니
내일은 어려움이 지나갈 것입니다.

몽골 밤

별이 뜨면 산과 들은 숨죽이고 하늘의 영광을 찬미한다
나의 꿈들아 모두 일어나라
안타까운 과거도 찬란한 미래도 지금을 찬양하라
저 먼 별마다 내 영혼이 반짝인다
아득히 길 떠난 초원아
걸음을 멈추고 뭇 별이 뿜어내는 빛을 마셔라

할아버지 땅 천해天海* 위의 별들이
하늘의 새 기운을 안고 좌르륵 떨어진다
몽골이 타락하지 않음은
밤마다 별들이 오기 때문이다
지친 어제를 씻고 아침을 맞이할 수 있음은
밤마다 할아버지가 별들을 내려보내기 때문이다

좌르륵 떨어진 별들이 우르르 하늘로 오른다
별들은 맑은 기운을 내려놓고 할아버지 땅으로 돌아간다
할아버지 땅으로 가고 싶어라
할아버지 땅으로 가고 싶어라.

* 천해: 바이칼 호수.

아침이 온다

산에 산에 진달래
솔 사이 진달래
하늘 보고 손짓하네
나를 부르네

바윗길 오름길에
쉬는 나그네
진달래 손잡고
구름 보고 웃네

하룻길 고달픔
나는 잊을래
어둠이 온다 해도
아침이 온다네.

안강들 1

남서쪽 무릉산(472m)
서쪽은 삼성산(592m)과 어림산(510m)을 잇는 시티재(195m)
북서쪽 도덕산(708m)
북쪽 어래산(572m)
동쪽 기계천과 형산강

북동쪽 어래산 고개 넘으면 포항시 기계면
북서쪽 끝 도덕산 고개 넘으면 영천시 고경면
남쪽 끝은 경주시 현곡면
동쪽 끝 북반부는 기계천 건너 경주시 강동면
동쪽 끝 남반부는 형산강 건너 경주시 천북면

신라 파사왕 23년(102년)에 비화현比火縣으로 부르다가
수해가 잦아 백성의 안위를 기원하여
경덕왕 16년(757년)에 안강현安康縣으로 불렀는데
큰비가 오면 물이 경주까지 올라오므로
신라 마지막 왕 때 유금*에 수로를 내어
습지였던 안강 들이 곡창으로 되었고
형산강, 기계천, 칠평천의 물로 벼농사를 짓는 큰 곡창

소박한 동서 영포도로, 남북 안기도로에
안강들을 시원히 볼 수 있었는데
2000년대에 와서 안강리 옛 철길 동쪽에
고원 같은 나들목을 만들고
호국로*와 형산로*가 높이 솟아
들판을 동서남북으로 야멸차게 갈라 놓았다.

* 유금들 지명 유래: 형제산인 형산과 제산이 이어져 있어서 영일만으로 가야 할 경주 남천과 북천, 안강 기계천이 안강에 모여 호수가 되었다. 큰비가 오면 경주까지 물이 차 오르므로 안강의 치수가 신라의 숙원사업이었는데 경순왕 김부가 즉위했을 때 후삼국이 일어나고 도적 떼가 많아 형제산을 갈라 안강호수 물을 영일만으로 빼면 임정현(포항시 연일읍) 땅의 지정왕기가 제압되어 역적 출현이 그칠 것으로 믿었다. 경순왕은 하늘에 올라가 목침으로 삼층집을 짓고 옥황상제와 천지신명과 신라왕실 조종들에게 종묘사직의 평안을 빌고 태자는 땅에서 형제산을 자르기를 기원하는 백일기도를 드리는데 태자가 뱀이 되어 길가에 누워 사람이 용으로 불러주기를 기다렸으나 사람들은 두려워 도망만 가고 백일기도가 하루 남은 때 안강에 사는 노인이 손자를 업고 가면서 "저런 큰 뱀도 있나?"고 하였다. 손자인 유금이 "할매, 저것은 뱀이 아니고 용이요."라고 하자 용으로 변한 태자가 꼬리로 형제산을 내려치니 형산과 제산으로 갈라지고 안강호수 물이 영일만으로 빠져나갔다. 호수의 물이 빠져 생긴 땅과 일대의 논밭을 뱀을 용으로 불러준 아이에게 주고 들 이름을 아이 이름을 따서 유금들이라 불렀다. 강의 남쪽인 형산에 형산성황사를 짓고 경순왕과 태자를 모시는 춘추향제를 올리다가

고려 말부터 기복신앙처가 되어 무속인들의 굿당이 되었는데 이것이 국당 마을이 되었다. 일설에는 국화재배가 잘 된다고 조선 때부터 국당으로 부른다는 말도 있다.

* 영포도로: 영천에서 포항으로 가던 도로. 지금의 안강중앙로를 지나감.
* 안기도로: 안강에서 기계를 지나 청송으로 가던 옛 지방도로, 지금의 안현로는 안강에서 기계 가기 전 달성까지의 옛 안기도로 일부임.
* 호국로: 영주에서 포항으로 가는 도로인데 안강에 와서는 안강 시내를 비켜가도록 2000년대에 변경함.
* 형산로: 호국로의 안강 나들목에서 동해남부선 옛 철도보다 더 형산강에 붙어 경주로 가다가 현곡면 금장교차로까지 가는 도로, 2008년 12월 개통.

안강들 2

1949년에 강서면이 안강읍으로 승격
들판에는 안강리, 양월리,
어래산 자락에는 노당리, 육통리, 산대리,
어래산과 자옥산 자락 사이에는 옥산리,
시태재 아래에는 강교리와 하곡리,
금곡산 자락에는 두류리,
무릉산 자락에는 근계리, 갑산리, 대동리, 사방리, 검단리,
청령리
안강읍 남쪽 끝 마을 청령리는
1973년에 천북면에서 안강읍에 편입되었다

칠평천은 금곡산에서 시작하여 동쪽으로 흐르고
형산강은 남쪽에서 북쪽으로 흐르다가
칠평천을 아울러 동쪽으로 가고
기계천은 기계에서 남쪽으로 흘러
양동에서 형산강에 들어간다

칠평천과 형산강변에 과수원이 있고
산비탈에 밭이 조금 있어 뽕나무나 포도를 심었고
대부분 벼농사를 지었다.

안강들 3

북쪽 어래산 아래는 선비들의 자취가 많다
노당리에는 창녕조씨昌寧曺氏 시조 묘와 종덕재정당*
육통리에는 신라 제42대 흥덕왕릉
양월리에는 구강서원*
산대리에는 덕산서사*
옥산리에는 옥산서원*
1970년대까지 초 · 중학교의 봄 · 가을 소풍지였고
옥산세사玉山世祠*는 1985년에 지었다

육통리에 있다가 폐교된 안강북부초등학교에서
1960년대까지
1 · 2학년 소풍은 흥덕왕릉이나 종덕재정당
3 · 4학년은 구강서원
5학년은 피일서원
6학년은 옥산서원이 소풍지였고
간혹 불국사나 경주로 소풍 가는 것은
열성적인 선생님을 만난 경우였다.

* 種德齋正堂: 창녕조씨 시조 묘소 보호 재사齋舍.
* 龜岡書院: 이제현의 위패를 모신 교육기관. 익재 이제현은 경주이씨로 제자에 목은 이색이 있고 이색의 문하에서는 정도전, 조준, 남은, 정몽주, 길재로 학파가 나뉘게 된다. 이제현은 평론서인 역옹패설 등과 많은 시문을 남겼다.
* 덕산서사: 임란 공신 淸安李氏 두촌杜村 이팽수李彭壽(병조참판 추증)를 배향하려고 1924년 경북 유명 문중에서 건립한 재실이며, 매년 봄에 향사를 올리고 있다. 正祖 7년(1783) 나라에서 '忠臣之門' 이라는 정려旌閭를 세우도록 命하고 병조 참판에 증직贈職했다. 그후 表忠閣을 세우고 德山祠(지금의 덕산서사)를 세웠다. 경북 경주시 안강읍 피일안길 155-6에 있어서 인근 주민들이 피일서원으로 부르기도 한다.
* 옥산서원: 회재 이언적을 모신 사액서원. 이언적의 학문은 퇴계 이황에게 이어져 영남학파 성리설의 선구가 되었다.
* 옥산세사: 신라 선덕여왕 때 당에서 귀화한 수원백씨 시조 백우경白宇經(松溪公)을 모시려고 1985년에 세운 수원백씨 재실. 백우경은 당나라 시인 백낙천의 사촌이라고 한다.

낙산 학도병 위령탑

6·25사변 안강전투는
국군의 무릉산과 낙산 사수전死守戰 성공으로
기계를 점령한 북한 인민군이 경주를 거쳐
임시수도 부산으로 가려는 길을 막고
국군의 낙동강 전선 정비 기회를 주었는데

형산강 남쪽 낙산(오금리에 딸린 작은 마을)에서
형산강 북쪽 공동묘지산 기슭 인동으로 진격하려고
끊어진 낙산다리를 외줄로 이어
사격 연습도 제대로 못 한 채
북괴군의 총구 앞으로 대롱대롱 매달려 가다가
전쟁의 원인도 모른 채 떼죽음을 당하여
이름조차 없어진 학도병들의 전몰지戰歿地이다

패퇴할 때 양민을 무차별 학살한 북괴군에게
대한민국 국적을 가진 정의파괴단이 명예를 주었는데
학도병은 6·25사변 전공자들처럼 민족반역으로 몰렸는지
건넛산, 공동묘지산이라 불리는 낮은 산등성이에
충혼에 맞는 산 이름도 참배로도 없는
초라한 학도병위령비에 외로운 넋들만 떠돈다.

제2부

그리움

오후 수업

산모롱이 돌아 나오는 석탄 연기
열차 지나간 들녘에 가물거리는 아지랑이
끝없이 덮인 보리밭에도
기적 소리 잦아지니 졸음이 가득하다

이마만 스쳐도 가슴속까지 시원한 바람이
초라한 공책 장을 넘기고
흑판에 써놓은 산수 문제는
어제 꺾다 둔 뒷산의
진달래에 가려 보이지 않는다

귀여운 금수는 새침하게 앉아 있고
옥규도 동순이도 하품하는 나를 보고 키득거린다
급장이 일어나 책을 읽고
아이들이 책장 넘기는 소리에
나도 한 장 따라 넘기고 보니
읽고 있는 곳은 다른 곳이다

"찰싹"

"어젯밤에 뭐 했어,"

저 끝에 나처럼 졸고 있던 석이 까까머리에

실내화 짝이 떨어진다

오후 첫 시간

하아, 봄이다.

* 급장: 한 반의 통솔자. 반장을 1960년대 초등학교에서는 급장이라고 했고 중고등학교에서는 실장이라고 했음.

졸음

중학교 가려면 정신 차리라고
선생님이 열어둔 창으로 들어온 바람은
이상한 바람이었다
맑은 정신은 잠시뿐
솔솔바람은 졸음을 교실 가득 채워놓는다
책상에 걸쳐 엎드리기만 해도 소원이 없겠다

선생님의 실내화 끄는 소리를 잠시라도 놓치면
회초리가 등에 떨어질세라
감았던 눈을 끔뻑여도 아무것도 보이지 않는다
등줄기에 벼락이 한 차례 떨어져야
마침 종이 울릴 때까지 맑아지리라

선생님의 실내화 소리가 옆을 지나가면
불어오는 바람에 지그시 눈을 감는다
감았던 눈을 천천히 떠도 들키지 않겠지

철썩,
간 떨어지는 소리
어젯밤 늦도록 같이 놀았던
앞줄 건너 식이었다.

장독

하루 세 끼 입맛 돋우려고
기근에도 난리에도 쉴 틈 없던 장독
간장은 여름날 냉수 살균제로
된장은 개구쟁이 찢긴 피부 재생제로
고추장 부추 버무리 비빔밥은 지사제로
대식구 건강 보실핌으로 바쁘더니
일터 잃은 사내처럼 한나절을 햇볕만 쬔다

시어미 와서 며느리 흠을 잡고
새색시 와서 구시렁거리던 때는
낮에는 햇빛에 밤에는 달빛에 반짝였는데
늙은 시어미 집을 보는 지금
위에는 덕지덕지 여우비 흔적
아래에는 소나기 튕긴 흙
별빛조차 장독을 잊었다

대처로 나간 새색시는 언제 오려나
철륭신*도 돌아섰는가
인류 최고의 발효식품을 안고
이제나저제나
예쁜 새색시 돌아오기를 기다린다.

* 철룡신: 집터, 장독대, 장맛을 지키는 신. 天龍神. 철융신.

장독대

외진 우물 옆이라도
별당 아씨 방처럼 햇살 곱게 비치고
바람이 막힘없이 흐르는 장독대
칠성님께 비는 아낙네의 기도를 엿듣고
물 긷는 시어미의 혼잣말도
독 닦는 며느리의 한숨도 들어주던 장독
새색시의 손끝에 신이 나서
옛 할머니의 장맛을 지켜주었다

새색시는 도시로 가고
할미 된 시어미 속절없이 떠나니
누대를 지켜온 장맛이 끝나는구나

도시로 간 새색시 죽었는지 살았는지
장독 혼자 폐가를 지키는 나른한 봄날
심심한 아이가 던진 돌에 쨍그랑 소리
타국의 장보다 열 배나 좋다는 항암 약효가
봄빛 고운 하늘로 날아가고
석류나무 혼자 깨진 장독 지킨다.

석류

은하수에 소원 빌던 아가씨 손길로
우물가에 심어진 석류가
목마른 석류에 눈물만 부어 주고
홀연히 서울 간 아가씨 기다리며
낮에는 목을 빼고 밤에는 별을 세며 살았다

긴 긴 봄날 외로움을
별에도 하소연할 수 없는 석류는
아가씨가 준 눈물로 살다가
아가씨가 석류를 잊었다는 소식에
시름시름 앓은 지 삼십 년
흙담 옆 질긴 목숨
삼복 뙤약볕에도 죽지 못하고
봄비에 기를 써도 자라지 못한다

어느새 또 한 해
꽃샘바람 몰아낸 동풍이 꼬드기니
올해엔 아가씨가 돌아올는지
아침부터 가지 끝을 흔들어댄다.

정情 1

더위를 쫓아낸 비가 일요일에도 온종일 온다
책도 음악도 귀찮을 때는
골목에 나가는 것도 귀찮을 때는
막걸리 한 잔에 김치 한 조각 씹어보고
다시 눕는다

나뭇잎이 빗방울을 튕겨내면
고향 마을 주막 처마 낙수 소리가 난다
낙수 소리 따라가면
허풍스러운 형도, 기분파 동생도
속내를 알 수 없던 나이 많은 조카도 있을 것이다
문중 일이나 있어야 찾아가는 고향
문중 술에 취하여 주막 찾을 일도 없지만
그 주막도 없어졌다

들풀처럼 자라던 때 잠비 그친 해거름
혀 꼬부라진 소리로
"간데이"
"오오야, 가아라"

어른이 있나 없나 담장 밖을 둘러보고
비틀걸음에 헛기침으로 주막을 나서며
밀밭 근처에도 가지 않은 듯 시침 떼던
그런 친구를 찾아 나선다.

* 간데이: 간다, 가겠다. (경주 사투리)
오오야, 가라: 그래, 가거라. (경주 사투리)

정情 2

우연히 만나 안부를 묻고
이별이 아쉬워 악수하고 헤어졌다
일 년이 가고 이 년이 가도 소식 전하지 못했다

감미로운 노래가 흐르면 웃던 얼굴이 떠오른다
어둠 속에 깨어 다시 잠드는 사이사이
푸른 하늘 높이 떠서 나를 보고 있다
솟아오르면 당장 그의 어깨 옆에 닿아도
"어째 지냈노, 식사 저이가(食事 前), 별일 없으면 한잔하자."
그것뿐
밤은 다시 적막하다

전화를 받으면 미안하다
잊은 적이 없는데도 미안하다
한 달쯤 있다가 내가 먼저 전화를 해야지, 생각뿐
고향 들길, 풀 냄새, 종달새 소리 · · ·
들꽃 같은 정
가을바람 부는 오늘도
어둠을 헤집고 날아온다.

그 집에서

친구가 살던 집
마당 가득 잡초가 봄볕 아래 조잘거리고
반질거리던 손자국 자리에 녹슨 문고리

방문을 열었다
돌림노래가 끊어지고
빽빽이 들어찬 1960년대 청춘들은 숨어버리고
두드리던 밥상도 술 단지도 감추었지만

그냥 돌아서기에는 옛 친구들이 괘씸해
목청껏 고향무정*을 부르려다가
아무래도 미친 짓 같아

무너진 흙담, 떨어져 나간 사립문을 나서니
헌 옷 하나 걸린 것 없이
두꺼운 먼지가 지키던 방에서
막걸리가 권주가를 부르고
섬마을 선생님*이
젓가락 장단에 다시 살아난다

* 고향무정, 섬마을 선생님: 1960년대 말 히트 가요곡.

오솔길

마을로 들어가는 보리밭이
아가씨 쫓아온 봄바람에 흔들린다
출렁이는 보리싹에 입 맞추던 햇살이
남빛 양장洋裝 올올이 윤슬로 태어나고
머리카락 올올이 금빛으로 부서진다

어디에 사는지 알고 있어도
어제도 보았다고 말하고 싶어도
솟구치는 인사말 꾹꾹 누르고
잔허리에 늘어뜨린 머리카락
탱글탱글 터지는 엉덩이에 손이 갈까 두려워
여기는 지옥

비누 냄새가 살 냄새가
스무 살 가슴에 터지는 불씨
아, 냉수 한 대접
살짝 부딪쳐도 안 되지
저 귀여운 아가씨가 속물이라 하기 전에
멀쩡한 다리 절뚝이며
못 본 체 앞질러 간다.

* 잔허리: [명사] 가는허리.

잊어버린 얼굴

빗방울에 퍼져가는 동심원
새로 만드는 동심원은
사라진 동심원이 아니다

초등학교 2학년 봄 이사 간 그 애의 기억은
눈을 동그랗게 뜨고 사내를 두들겨대던 여왕벌
얼굴도 이름도 사라진 동심원
지금은 고운 할머니 되었을 거야
그때는 그 애의 눈웃음에 내가 도망갔지만
지금은 나의 눈웃음에 그 애가 도망갈 거야

다시 퍼져가는 동심원이 사라진 동심원이 아니듯
그때 모습으로 올 수도 없고
그때의 행색도 이야기도 아슴아슴

책보 매고 뛰는 머스마의 달그락대는 필통
고무줄 뛰는 가시내의 치맛자락에 피어나는 먼지
양초로 마룻바닥 광을 내다가
나팔꽃처럼 웃었을 때
그때는 네가 좋으면서도 두려웠다 하면
동심원 빗방울 되어 내 머리를 쥐어박을까
초가지붕 박꽃 되어 웃기만 할까!

세월 흔적

거울에 비친 내가 너무 늙어서
은희 신랑 얼굴을 보았다
은희 신랑의 앳된 얼굴 어디 갔나
은희 얼굴을 보았다
곱기는 하다마는
세월이 할퀸 목덜미에
숨은 잔주름
안간힘 쏟을 때마다
조금씩 튼튼해진 허리
가슴 깊은 곳에
내가 모르는 상처도 있겠다
만명 부인* 같은 표정에도
지친 모습
은희는 내 얼굴에서
제 삶을 읽고 있다.

* 만명 부인: 김유신의 어머니.

옛사람

다 잊고 남은
아련한 이름을 불러본다
프랑시스 잠이나 라이너 마리아 릴케를 불렀듯이*

상동 아재, 한들 아재, 고천 할배,
칠국 할배, 효천 아재, 노실 형님, 모오 아재,
서호댁, 원촌댁, 옥동댁,

집집이 가족들 얼굴은 어렴풋해도
먼 물결에 아른거리는 풀잎 같은 택호
삼지공원이 된 곳의 옛집 모양 희미하고
그 집 사바골댁의 떠오르지 않는 얼굴들
그때의 갑부보다 호화롭게 살면서도
그때가 그리운 것은
그때는 가난해도 가난한 줄 몰랐기 때문이지
내가 아니면 그리워하지 않을 추억들이여!

* 윤동주 '별 헤는 밤'

달빛이 사랑한

온천수에 발 담그고 소주잔 건네며
타향 사람의 고향 처녀 이야기 듣다가
윤슬길* 녹나무 밑에 앉는다
두 줄 녹나무 사이 도랑에
백두산 백화수白花水가 흐르고
녹나무 가지 사이로 내려와
물비늘 만들던 달빛은
못다 한 정담을 속삭인다
달구지 따라 마을로 들어가던
달빛 아래 달빛이던 선이도
달빛 아래 있을까
윤슬길 도랑 달빛은
선이의 안부를 묻는다.

* 윤슬길: 부산시 동래구가 문화공간으로 만든 '동래온천노천족탕' 길.

시작 노트: 윤슬길 노천 족탕에서 낯선 사람의 고향 처녀 이야기를 듣다가 나도 모르게 물비늘 반짝이는 윤슬길 의자에 앉았다.

안개 낀 봄날

선이가 띄운
분홍 장미 꽃잎이
물 위를 모둠발 뛰며
내 발등을 간질인다
꽃잎은 내게 기댈 듯 기댈 듯
머뭇거리다가
아까시나무 꽃잎 되어 내려간다
봄날은 말을 할 듯 할 듯
나를 바라보다가 고개 돌리고
물비늘이 나와 봄날을 번갈아 보다가
고개를 갸우뚱하고는
아까시나무 꽃잎 따라
찰랑찰랑
내려간다.

고향 집에서

어머님이 아끼던 둥근 상을 펴면
언제나 그가 먼저 앉는다
오직 점심 한 끼였던 그 밥상 그 자리에
다소곳이 앉는다
오늘도 그는 밥을 먹는 둥 마는 둥
나만 보고 있어
나는 밥맛인지 장맛인지 구별하지 못한다

열어젖힌 샛문 너머로
밥 먹는 모습에 홀렸다가
그의 눈빛에 마주쳐 당황했던
71년 8월 황홀한 순간이여

그 적갈색 밥상에 마주 앉아
싱싱한 겉절이를
나를 위해 만들었다고 말해주지 않겠나
잡곡밥 숭늉이
다른 날보다 구수하다고 말해주지 않겠나?

사진이라도

평강공주가 흥덕왕릉* 봉분을 돌고 있어요
숨음 멈춘 채 한 바퀴 돌며
세상 끝까지
나를 데리고 가겠다는 다짐을 할 것이라고
내 눈은 공주를 떠나지 못했습니다

숨을 멈춘 채로는 돌지 못해도
손도 잡지 못한 채 철길처럼 나란히 걸어도
소곤소곤 둘만 아는 시간이 좋았습니다
세월 가면 손을 잡을 거라고 가슴 떨렸습니다

세월이 이렇게 갈 줄 알았다면
손잡고 봉분 안에 들어가
세월을 멈춰달라고 하소연했겠지요

사진이라도 있으면
사진 속 공주를 불러내어
지금이라도
손잡고 대왕께 빌어 볼 텐데.

* 흥덕왕릉: 경북 경주시 안강읍 육통리에 있는 신라 제42대 왕의 릉. 숨을 멈춘 채 흥덕왕릉 봉분을 한 바퀴 돌면, 봉분을 돌면서 소원한 것이 이루어진다는 말이 전해지고 있음.

인생은 세월에 떠내려가는 나뭇잎

묵은 세간이듯 버려야 할
그대 애매한 웃음이
풍랑에 던져야 했던 보석 상자처럼 가슴에 남아 있고
그대 말은 세월에 담금질되어
밤에도 빛나는 구슬이 된다

마을 앞 느티나무쯤엔
그대 발걸음 소리 살아있다
그대 숨소리 들바람으로 다가온다
우리 속삭임 묻었던 보리 푸른 밭에
이제는 포도 넝쿨 새싹 돋는다

봄볕 너무 포근한 포도밭에서
인생은 세월에 떠내려가는 낙엽이라고
세월도 흐르는 낙엽이라고
그대 속삭임 다시 듣는다.

첫사랑에게 전하는 말

가슴에 간직한 학교 운동장이
손바닥만 하게 나타날 때
짝사랑했던 영이가
동강 난 고목 모습으로 앉아 있을 때
운동장도 영이도 후미진 마당 마른 잎으로 떨어진다

어릴 때가 귀엽고 젊을 때가 아름답다고
세월 지난 뒤에는 찾지 말고
추억만 간직하라 하지만
바람에 휘둘리는 낙엽이
억세게 사랑하며 버텼음을 알 수 있다

사그락 사그락 부서지는 마지막 잎이
별것도 아닌 낙엽임을 보여주어도
그가 간 길이 후회스럽지도 않고
그가 준 사랑이 천하지도 않았음을 알리는 일.

너

더는 잊으려 하지 않겠다 하니
떠난다 한다
더는 아픔을 피하지 않겠다 하니
떠난다 한다

잊으려 할수록
가까이 오는 너
구르는 가랑잎 보듯 너를 보았으면
가까이 오지도 않았을 사람아
진작에 나, 너를 잊었으면
훌훌 털고 갔을 사람아

너를 못 잊어 끙끙 앓을 테니
가거라 아주 가거라
정 믿기 어렵다면
네 모습을
무덤 가 억새꽃 정도만 남기고
가거라.

산책길에 문득

구름 흐르다가 막힌 산허리
나는 네 이름 잊었네
그래, 목화처럼 하얀 교복
아침마다 하얗게 피었지

꽃길 가다가 우뚝 선 칸나
나는 네 얼굴 잊었네
그래, 풀물처럼 향긋한 얼굴
수줍어 칸나처럼 물들었지

사뿐사뿐 나비 걸음
나는 네 키를 잊었네
그래, 걸음걸음 출렁이던 치맛자락
코스모스처럼 간드러졌지

산에는 흰 구름
길섶에는 칸나
모두가 너를 닮았는데
네가 아니다
네 모습 없어도
내가 나일까.

좋은 걸음걸이

윗몸은 굳은 듯이
고개는 꼿꼿이
흔들림을 자제하여
엉덩이가 조금만 실룩이는
알 듯 모를 듯 저는 듯해야
낭창낭창 고운 여자 걸음이라고
고모님이 좋아하시던 집사람 걸음

윗몸은 굳은 듯이
고개는 꼿꼿이
자신에 넘쳐 가슴은 활짝 펴고
한 발 한 발 내디뎌
단발머리 찰랑대던
아침노을에 그려보는 그 여자 걸음.

전설의 생멸

어래산*에 나무꾼이 번득이던 때에는
아무 골목 아무 집 초당에도 놀러 오던 이야기가
나뭇길도 숲에 묻힌 지금은
골짜기 건너 진내등*을 바라보며 걸상바위에 웅크리고 있다

장군이 되고 싶었던 청년이
면솔밭* 걸상바위에 앉아 공부하여
맞은편 진내등 마당바위로 뛰었다는 이야기가
햇볕 쬐며 웅크리고 앉아 제 나이를 세고 있다
산을 찾는 이 없으니 이야기도 마을에 내려오지 않는다

왜 장군이 되려 했는지, 얼마나 공부를 했는지
마당바위에 사뿐히 내려 장군이 되었는지
내가 들었던 이야기도 시들어 간다

웅크리고 있는 이야기가 남김없이 새에 쪼아 먹힐지
바람으로 흐르다가 어느 때 새롭게 꾸며질지
사람들이 산에 가지 않으면
웅크린 이야기가 걸어나올 일 없다.

* 어래산: 경북 경주시 안강읍 육통리 마을 뒷산의 주봉.
* 진내등: 장등.
* 면솔밭: 안강읍이 등기 명의자로 되어 있는 邑有林. 안강읍이 읍으로 승격하기 전에는 강서면이었음.

양지밭 꿈

학교에서 돌아오면 소를 몰고 나간다
선생님이 내어주신 숙제보다는 산이 좋다
이까리*를 소 목에 감아 양지밭*에 올려 보내고
청석 밑에 검은흙을 파내어 부처도 만들고
기마전도 하고 송기, 참꽃, 복건자*나 멀구*를 찾기도 하고
돌배, 돌사과, 깨금이나 어름*을 찾기도 한다
비둘기, 매추리, 토끼를 놓치고 아쉬워하고
가제 구멍에 손을 넣어 물뱀에 물리기도 한다

해가 지면 소가 내려오기를 기다리고
소도 내려와 주인을 찾는다
주인 찾는 소와 어긋나 울상이 되어 집에 오면
소가 먼저 와 소죽을 먹고 있다
큰 눈을 멀뚱멀뚱 뿔을 휘두르기도 하지만
범을 만나면 주인을 막아서서 싸운다는 소
한도 없이 착한 눈빛으로 주인을 지키기도 한다.

* 이까리: '고삐'의 방언.
* 양지밭: 어래산의 한 부분, 육통리 뒤 큰골.
* 복건자: 산딸기 복분자.
* 멀구: 산머루.
* 깨금: 개암.
* 어름: 으름.

양지밭 약물탕

산 중턱 토끼 모양 너덜
한반도 지리산쯤에
바윗덩이 너덜 밑에 콸콸 흐르는 샘이 있다
너덜겅 아래 물살 빠른 개울이
돌을 다듬는 물소리는
마을 우물이 다 마르는 가뭄에도 변함없다

주춧돌 터도 사라진 옛 절에서
돌축을 쌓아 높은 쪽 굴러 내려오는 돌을 막고
낮은 쪽에서 엎드려 물을 마시게 한 샘
절이 사라진 뒤 약물탕으로 이름이 굳었다

오른쪽에는 새질매기, 걸상바위, 청석밭
왼쪽에는 속등, 진내등,
앞에는 개울에 둑을 쌓은 큰골못(大谷池)

바랑 벗어 놓은 스님들이 털석 주저앉아
시름을 잊고 큰 숨 쉬었을 곳에서
목을 축이고 하루가 끝났음을 감사하던 쉼터.

재 너머 나뭇길

아랫바탕*에 모여 앉아 마고초*를 피우고
새질매기* 오를 때는 가쁜 숨을 쉬면서
뒤로 물러서듯 몸이 휘청휘청
한 발 한 발 겨우 내디디면서
가락이 느린 노래를 부른다

어떤 사람 팔자 좋아 정승 판서도 하는데
나는 천날만날 지게 밑에 깔리나
오늘은 어느 골짜기에 나무 한 짐 할꼬
이놈의 지게가 사람 기름을 다 짠다
이 나무 해 가면 누가 나를 기다리나
토끼 같은 새끼가 있나
여우 같은 마누라가 있나
전생에 무슨 죄가 있다고
아이구 이놈의 팔자야

어래산 줄기 500m 능선 넘어 골짜기
물거리 석 단 묶어놓고 모여 앉아
주먹밥 보자기, 대나무 도시락 펼친다

물거리 한 짐 지고 우제등 등성이에 오르면
안강들 너머 보쌀차* 석탄 연기 보이고
씩씩대는 싸움소처럼 기적을 울린다.

* 아랫바탕: 어래산 새질매기 길의 산자락 지게 바탕(쉼터).
* 마고초: 막초의 사투리. 담배 잎을 손으로 비벼서 종이로 말아 피우던 담대.
* 새질매기: 육통리에서 어래산 연대미로 넘어가는 오르막길.
* 보살차: 저녁 지을 보리쌀을 안칠 때쯤 지나가는 열차. 시계가 없어서 기차 기적 소리로 시각을 어림잡았다.

우제등

대보름 달맞이 때
꼬마들은 마을 뒤 언덕배기 산에 올라가고
귀밝이술 마신 청년들만 올라가던 우제등
가뭄이 심하면 기우제 지내던 우제등
우제등에서 동쪽 하늘을 보면
30리 밖 포항 바다 물이 하늘과 붙었다
남쪽으로는 안강들조차 작아지고
형제봉 산에 눌린 읍사무소도 안강중학교도 장난감 같다

해발 500m가 넘어도 바다보다 낮아지는 우제등
서남쪽 연대미 지나 572m 어래산 주봉도 보이고
그 너머 702m 도덕산 주봉도 보이고
북쪽 기슭 아인골 집들은 소품물(miniature) 같다
멀리 안강 사거리는 뚜렷하지 않지만
안강중학교 지붕을 보면
이름 모르는 그녀의 집도 어림이 가고
가까운 북부초등학교 너머 황새말을 보면
동기생의 웅장한 집도 짐작이 간다.

정다운 우리말 이름이 사라진다

산안*에도 구별할 내용에 따라 이름이 많은데
나무꾼도 나물꾼도 없으니
골짜기나 버덩이나 비탈들의 이름이 지워진다
다시 찾은 사람들은 어떤 이름 지을까

마을을 마주 보는 뒷산을 산안
등고선을 따라 생긴 길이라고 어시미길
큰 산 울타리 안에 있는 작은 산등이라고 속등
청석 너덜 아래 밭이라고 청석밭
바래미기, 매방골, 진내등, 연대미 · · ·

배운 사람들이
기록을 하려면 한문이라야 한다고
마을 이름들이 한자로 바뀌어도
기록할 필요가 없어 살아 남았던
우리말 이름들이 사라진다.

* 마을과 바로 닿은 뒷산 전체. 마을에서 재를 넘기 전의 산비탈 전체.

천한 이름 귀한 이름

배운 사람들이 쓰게 되면
큰골못이 대곡지大谷池로
풀무단이 초제草提로
황새말이 학지鶴地로
능골이 능동陵洞으로
문서로 남기려면 한문 밖에 없다고
우리 얼인 한글이 한문에 쫓겨났다

중국이 한문 때문에 몸살 난 것을 보아서
우리나라에서 한문 사용이 주춤한 것은 아닌 듯
유네스코가 한글을 세계 최고 문자로 지정하고
대한민국이 한글 문서 원칙을 공포하여도
항우* 같던 한문이 영어에는 쫓겨난다
아기 분유는 앱솔루트
제과점은 시트론
승용차는 제네시스
아파트는 파밀리에, 스카이뷰, 센트럴파크하이츠.

* 항우(B.C.232~B.C.202): 서초西楚의 패왕霸王. 항우의 해하가에서 역발산혜기개세力拔山兮氣蓋世라는 구절을 썼음.

육통중앙길

도로명 주소를 만들면서 얻은 이름
트럭이 다닐 수 있는 하나뿐인 길이었는데
이제는 뒷골목보다 좁다
승용차에 맞춘 새 길만 사용하니
길바닥은 녹이 슬어 밭고랑처럼 푸석푸석하다
사람 하나 집으로 들어가던 좁은 길이
승용차가 들어가게 넓어지고
이웃 마을로 가던 밭둑길조차 모두 없어졌다

등고선에 맞춘 논둑의 꼬부랑길도
경지정리로 곧게 뻗어 들에도 옛정이 없다
소꿉동무 그리워 재개발한 달동네에 갔더니
소꿉놀이 계단길도 담 모퉁이도 없고
우물 터도 언덕바지도 어디쯤에 있었는지
아파트 놀이터가 쓸쓸하더라는 말 생각난다
고향 마을 호숫가 주막에서 술 한잔하며
물너울 아래에 잠긴 옛집 생각하듯
육통중앙길 따라 옛 추억 찾아 나섰다가
여기가 이발소 터이고 여기가 징미소 터 같은데
이것이 존당 길인가 머리를 갸우뚱 옛길 더듬는다.

통학 열차 풍경

포항에서 경주까지 열차 통학을 포통
울산 쪽은 울통, 대구 쪽은 대통으로 불렀고
패스(학생 할인 정기승차권)를 사용하였다

열차 머리에 '미카', '터우'라고 붙인 증기기관차
열차 이마에는 연기, 발에는 증기를 뿜으며
이마의 기적 소리, 발의 칙칙폭폭, 땅이 흔들려
밤잠을 못 자는 기찻길 옆 오두막에는 아이가 많았다
등굣길에 창말 뒤에서 기적 소리 들으면
양동 산모롱이를 보며 뛰기 시작한다
1km가 넘는 길을 뛰어 철길 둑을 올라
발차를 멈추고 기다려주는 차에 뛰어오른다

1960년대 경주에는
경주고등학교, 경주상업고등학교,
경주공업고등학교, 문화고등학교,
경주여자고등학교, 근화여자고등학교가 있었다

통학생 주요 마을은 안강, 입실, 건천이어서
통학생 수는 마을 크기에 따라 포통 울통 대통 순이었고
통학생끼리의 주먹 다툼에서 해마다
포통의 경주상고 짱이 모든 노선의 짱이었다.

제3부

어머니

텃밭에 봄볕 쏟아지면

담 옆을 지날 때 산초山椒 냄새가 난다

흙담 밑은 호박과 찰옥수수 터였다
담은 호박 순이 하늘로 오르게 받쳐주고
호박잎은 흙담이 무너질까 소나기를 막아주고
옥수수는 담 너머 주인집을 기웃거렸다

어느 날 어머님이 담 옆에 데려다 놓은 산초는
옥수수보다 높이 자라
잎과 산초를 어머님에게 나누어 주며
별나라도 부럽지 않았는데

다시 어느 날 흙담 헐고 들어선
벽돌담과 포장鋪裝 길은 새치름한데
옥수수도 호박도 산초도 사라졌다

텃밭에 봄볕 쏟아지면
호박도 옥수수도
땅을 돌려달라고 소리 지른다
보리밥 뜸 들이는 사이사이 쓰다듬던 흙담 터
어머님 삼베 적삼 연기 냄새나던 곳에
산초 냄새가 난다.

엄마의 사랑은 깊이를 알 수 없다

며칠째 두 개의 수액이 쉬지 않고 떨어지는 것은
풀잎 끝에 미끄러지는
이슬이 아니었다

항생제가 정맥으로 스며들 때의 통증을
그나마 견딜 수 있는 것은
백수白壽를 기다리며 홀로 고향집 지키는 엄마가
나 대신 파르르 떨어주기 때문이다

이슬 같은 저 수액 방울이 엄마의 한숨으로
조절장치(chamber)에 맺혔다가 내 몸속을 돌고 있어도
그것이 왜 엄마의 목숨을 갉아먹는지
나는 다시 생각해도 알 수 없다

아침결 노루잠만으로 엄마는
먼 남쪽 꼭꼭 숨긴 막내 일을 알고 있는데
엄마의 시름이 눈물로 방울짐을 보면서도
나는 그 사랑의 깊이를 알 수 없다

* 수액: Ringer's solution, Ringer액, 링거 주사.

사랑한 흔적

장맛비가 헛간을 부옇게 가리고
댓돌 밑에 주르륵 주르륵
세상을 재우려는 낙수에
할아버지는 낮잠에 빠지시고
들일을 쉬고 둘러앉은 방 가득히
볶은 콩 씹는 냄새

초가지붕에 앉은 박이 빗물로 더위를 씻을 때
오도독 오도독 콩을 씹는 것이
진한 사랑이었다

할아버지 어머니 형님 누나
먼 나라로 가도
사랑했던 사실이 남아 있듯이
내가 여기에 없어도
사랑한 흔적은
사랑한 사람의 가슴에 남을 것이다.

엄마 집에 갔더니

40년 아름드리 은행나무 비켜서면
넓은 마당에 드러난 자갈 위에 한껏 자란 잡초
안채, 사랑채 문들은 꼭꼭 닫혔네

뒤란에는 키로 자란 울릉도 나물
우물에는 빼빼 마른 석류나무
장독대에는 금 간 장독
안채 변소 앞은 넋 빠진 동백 한 그루

그리움도 기다림도 그을음으로 덮었던
엄마 부엌에는
먼지 옷을 첩첩이 껴입은 무쇠 솥과 백철 솥
방마다 세간은 토라져 눈 감고 귀 막고
벽에는 멈춘 시계
잎채소, 열매채소 보따리 보따리 챙겨주시던
담 너머 텃밭에도 사람 소리 없네

엄마는 먼 밭에 갔을까
뒷산 뻐꾸기 소리 변함없어
빈 마당에 옛꿈 지나가네
울지 마라 아가야.

굴레

어머니,
어머니는 왜 제게 끝없이 베풀어도 빚이 남습니까
저는 왜 끝없이 받아도 받을 것이 남습니까
받기만 하고 주지 않으면 빚인데
저는 이 빚을 언제 어떻게 갚을 수 있습니까

굽은 허리 지팡이에 의지하고
얘야, 고맙다 고개 끄덕이시네요
먹이고 재우는 것 다 받아주어서 고맙다 하시네요
저를 키우게 한 것이 하늘이라고 하늘에 고맙다 하시네요
저녁노을 지면
어머니 모습 영영 사라지지요
작은 바람에도 휘청거리는 어머니
편히 앉을 수만 있어도 그나마 좋겠네요

째깍째깍 노을은 짙어 갑니다
어머님, 노을 따라가시고 나면
평생을 남의 먹이로 질겅질겅 씹혀도
갚지 못할 빚이
바다 끝 노을처럼 아득합니다.

어머니의 자장가

이슬비 그치고 해가 떴다
엄마는
나에게 빛을 주라고
해님에게 말했다
해님은 그러마 하고는 앞산만 보았다

해님이 왜 그러는지
엄마는 알지만
간신히 손을 들어 내게 오는 돌을 막고
해어진 치마 펴서 내게 오는 바람을 막는다

기침을 하고 숨을 몰아 쉬면서
아버지 얼굴을 그려보다가
외할머니 얼굴이 흐릿하다 하다가
내 손을 꼭 잡는다

겨우 잠든 엄마 옆에서 한숨 몇 번 쉬고는
내방으로 도망가서 단잠 자는 나를 알면서도
산들바람 부는 밤
엄마는 은하수 타고 내려와
달빛 은은한 자장가 한 바가지
내 머리맡에 부어 준다.

어머니의 유언

주고 싶은 것 많았다
호랑나비를 잡아 주려니 나비는 빨랐고
무지개를 잡아 주려니 무지개는 높았다
아무것도 잡지 못했지

아이들아
험한 길 지나왔기에
고운 노을 볼 수 있었다
못 주는 것이 많았지만
미루다가 놓친 것도 많았지만
지나온 길 다시 걸었으면 좋겠다
다시 만나 더욱 아끼는 인연 만들자
아니다
좋을수록 더 좋지만
우리가 살아온 만큼이라도 좋다
다시 만나자.

아들의 손

94세 엄마가
60세 아들의 손을
꼭 잡는다

50년 전만 해도 내 손에 끌려 다니던 손
40년 전만 해도 겨울마다 나무 해오던 손
오늘은 마실 것을 들고 찾아온 손
아들의 손을 꼭 잡는다

바스러질까 꼭 잡지 못했던 갓난아이 손이
어느새 쇠꼬챙이 같구나
쇠꼬챙이 같은 손도
잡아볼 날이 며칠이나 남았을까.

땅고갯길

시름에 찬 엄마가 넘던 땅고갯길
삼십 줄에 남편 잃고 가족은 흩어지고
어린 남매 데리고 친정살이 중에
거처도 없는 시댁에 가는 엄마 따라 30리
개울 따라 굽이굽이 돌다가
고개 넘으면 꿀풀이 듬성듬성 있었다
엄마가 고단한 다리 쉬는 동안
여기저기 꿀풀 뜯어 빨고
엄마의 치켜세움에 누나보다 앞서가다가
다리 아파 못 간다고 오던 길로 되돌아 달려갔다는 길
한 살 터울의 누나는 엄마에게 보채지 않는데
다섯 살인 나는 기어코 업혔다는 고개 넘는 길
저기까지 조금만 더 가자고 달래고 달래서
아들 딸 업고 걸리고 시댁 가는 길
한때는 남편 따라 넘나든 길
꽃 따는 아이들 보며 남편 생각에 한숨짓던 길
땅고개 굽이굽이 엄마의 시름이 쌓여 꽃이 되었다.

* 땅고개: 경주시 강동면 왕신리에서 천북면으로 넘어가는 고개, 고개가 낮아서 강동면에서는 땅고개라 하고 천북면에서는 돌이 많다 해서 돌고개라고 부른다.

엄마의 소원 1

내일 아침엔 까치가 울려나
동그마니 선 감나무에 눈이 가서
찬바람 들어오는 문을 닫지 못합니다

해지고 어둠 짙어지면
등불 하나 덩그런 방에
아들 딸 얼굴이 하나씩 지나갑니다
오늘 밤은 그중 한 놈에게 전화라도 왔지만
통화가 끝나니 다시 빈방입니다

오뉴월 햇볕이 한창인 한 때는
올망졸망 아이들이 들썩대고
들일 걱정하던 남편도 있었지요
밤이나 낮이나 외롭다는 말은 생각도 않았지요

사흘 낮 밤의 침묵투쟁도 여러 번이던 남편이
저승에서 돌아올 리는 없고
아이들이라도 어느 한 놈 오지 않을지
머리 하얀 내 아이들
그 아이들의 아이들
어느 한 놈의 손이라도 만져보고 싶네요.

엄마의 소원 2

콩 타작하는 트랙터 소리가
도리깨 소리로 들립니다
이웃집 마당에서
콩 구르는 소리까지 들립니다

60년 전만 해도
마당에 콩 가지를 널어두고
팔이고 어깨고 내려앉을 때까지
도리깨질을 했지요
남편에게
막걸리도 내어주고 종알거리기도 하며
도리깨질을 했지요

가는 세월의 뒷자락을 보는 것이 모두인 지금
하고 싶은 것이
도리깨질뿐이겠어요
파 한 포기라도 내 손으로
아이들을 위해 심어보고 싶지요
호박잎, 콩잎 따다가 묶음 지어
아이들에게 보내고 싶지요

오늘도
식은 밥그릇 밀치고 방문을 여니
남편과 타작하던 마당은 설렁하고
채소밭 울타리에도 잠자리뿐
아이들이 없네요.

엄마는 생각할까요

비가 옵니다. 가을비가
오다가 쉬다가
여우비를 섞어 섞어 옵니다

젖은 풀밭에
엄마의 땀 냄새가 배어납니다
김매던 밭둑에
엄마의 삼베 적삼이 젖어 옵니다

등에 붙은 베적삼에 투정을 하면서도
한여름 낮에 콩밭을 맨 것은
지금도 생생한 목소리, 사립문에 아른거리는
아이 때문이었습니다

아침 비에 단풍이 짙어집니다
엄마는,
가랑비와 놀다가 젖은 옷을 감추며
살며시 들어오던 아들을 생각합니다
찐쌀 한 줌 훔쳐 히죽 웃고 달아나던
그 아들을 생각합니다
그 아이 고향 떠나 흰 머리카락 수북하건만
아직도 이 비를 맞으며 클 거라 생각할까요.

달빛 사냥

낚시꾼에 섞여
릴에, 낚싯대에, 낚싯줄에
고기 한 마리 못 낚고
꼴값만 떨고 왔다
달빛 사냥이나 가자

국화도 무궁화도 달빛 사냥을 한다
달무리만 보아도 달빛 사냥이다
달빛 푸른 꿈을 받아서
잎도 가지도 날마다 새롭고 싱싱하다
엄마 무릎이듯
모든 근심 사라지는
달빛이다
달빛 아래 엄마가 서 있다
따스운 옷이나 걸치고
달빛과 조잘대는 장독대나
꽃들이 소곤대는 화단으로
달빛 사냥이나 가자.

거짓말의 진실

아들의 인민군대 소집 영장을 받고
엄마가 노동당 기관장에게 사정사정하여
가족들의 배급 식량 보름치를 미리 받아
반은 돈으로 바꾸고 반은 떡을 빚어
군에 가는 아들에게 고스란히 주었다

아들이 엄마에게 같이 먹자고 했을 때
나는 떡을 만지면서 많이 먹었다는 말로
한사코 거절하므로 엄마 말을 믿었다
돈을 받고 남은 떡을 가방에 넣고
군에 가는 길 내내 생각해 봐도
엄마가 떡을 먹지 않았다는 확신에
아들은 엄마의 굶주림에 눈물이 솟았다

내 엄마도 그런 경우였으면 똑같았으리라
내가 군에 갔던 1970년대
남한은 먹고 쓰는 것에 목맨 집이 없었다
북한에서 온 새터민 이야기
엄마는 거짓말을 했지만
엄마의 내리사랑은 언제나 진실이다.

제4부

아지랑이

이별가 1(시)

반세기 동안 나무 궤짝에 갇혔던 글들은
길가에 죽어 널브러진 쥐였다
첫 장을 넘기면 쉬파리가 있고
둘째 장을 넘기면 구더기가 나온다

꼭꼭 눌러쓴 정성도 보람 없이
서기는커녕 앉지도 못하는 글은
햇빛 고운 양지쪽 흙담 밑 다비식에서
한 가닥 연기로 비실비실 하늘에 오른다

불꽃에 오그라들면서 나를 빤히 보는 시심
봄볕이 이렇게 좋으니
시인을 찾아가 다시 태어나거라.

이별가 2(교과서)

1956년 판 국어책은 앞 장이 바스러질 것 같다
비료 포대包袋 누런 책 꺼풀 자국도 남았을 것인데
표지 모서리는 닳아서 떨어져 나갔다

국어 책 1학년 1학기 차례 1
제목은 '우리 집'
한복 입고 서서 웃는 어머니
책가방 메고 가면서 엄마를 보는 사내아이
전문全文 열한 자는 '어머니 어머니 우리 어머니'

교과서, 숙제물宿題物, 모표, 배지badge
어머님 가신 빈집은 비워야 하고
내 죽으면 썩은 지푸라기보다 초라할 유품

넓은 정원을 만들고 옛 물건을 전시하는 친구를 만났다
1학년부터 6학년까지 교과서 전부
학년별 공책 몇 권씩
참고서와 문제지
형님이 사 주신 동화책 전부
동무야, 이것은 네 것 같다
네 아들에게 유언으로 남겨다오
50년 뒤에 재산이 된다고.

이별가 3(고향 집)

사립 양옆에 아담했던 없어진 감나무
은행나무 그늘에 숨은 담 모퉁이 잿간
씨 뿌리고 김매던 마당 구석구석
뿌리를 쪼개 약재로 팔던 모란꽃
창고와 디딜방앗간 터
사랑채 옆, 거름 터 돌아나가 콩 심었던 바깥 변소 앞
무궁화 베어내고 우뚝 선 동백 뒤, 안 변소
안채 뒤란 넉넉한 나물 밭 서쪽에 장독대
장독대 옆, 담 모퉁이에 깊은 우물과 우물 덮개
사랑채 벽과 담장을 이은 우물 앞 목욕탕

통나무 쌍닫이 부엌문
아침저녁 쪼그려 앉아 불 넣던 아궁이
커다란 무쇠 솥 옆에 옹달솥
불티 앉은 높은 부뚜막을 내려다보는 찬장
어머님의
기다림과 한숨이 그을음 더께로 쌓인 부엌 천장

아래쪽이 뒤틀린 격자무늬 방문
사방에 문을 열어 삼복을 견디던 안방
반짇고리 넣어둔 벽장
마당에도 뒤뜰에도 잡초가 허리에 닿고
마루에는 골목을 배회하던 누런 신문지
방마다 하얗게 쌓인 먼지
벽에는 멈춘 시계

새 주인이 오면
모든 것을 갈아엎어
나무 한 그루도 제자리 지킬 수 없을지도 모르지
네 식구, 할아버지, 어머니, 누님, 나
양식 넉넉하던 봄날은 어디로 갔나
궁궐터가 콩밭 되듯이
열네 칸 집 멍석 깐 윷놀이에
고함치고 춤추던 사람들 산으로 가고
남은 사람도 다시 오지 않네.

이별가 4(집터)

1966년 열일곱 살 때까지 살았던 옛 집터
오막살이 3칸과 디딜방아 초가를 헐고
새 주인이 본채와 사랑채를 지었다가
밭이 된 집터에 잡초만 가득하다

골목길 흙담은 기단만 남았고
텃밭과 집터를 가르던 돌담과 장독대 돌무더기는 자취 없고
온 동네 아낙들이 봄 가뭄에
새벽까지 물을 긷던 돌담 사이 우물도 메워버렸다
3대 다섯 식구 아웅다웅 북적이던
큰방, 작은방, 부엌, 마구간은 어디쯤이고
헛간 디딜방아와 굽바자* 변소 자리는 어디인가
골목길 축대가 된 담 밑자리는 얼마나 더 버틸까

텃밭 건너 앞집 초가 3칸 주인도
내 일갓집끼리 거듭 바뀌어
50년 전쯤 이사 간 여동생 상조나
45년 전쯤 이사 간 동생 무철이나
40년 전쯤 이사 간 동생 상완이나
30년 전쯤 시집간 여동생 분자나

옛 집터 안부나 묻는지
구들장*은 내려앉고 가라앉은 마당이 작아 보인다
드나들며 웃던 웃음에 말소리 쟁쟁한데
집도 사람도 없고
빈터에 무성했던 마른 풀이 봄을 기다린다.

* 굽바자: [명사] 작은 나뭇가지로 엮어 만든 얕은 울타리.
* 구들장: [명사] 방고래 위에 깔아 방바닥을 만드는 얇고 넓은 돌. ≒구들돌, 온돌석.

이별가 5(들)

보리 낟가리에 보리밥 향기 살아나던 논둑길은
가난을 벗겨낸다고 곧게 넓게 트이더니
꼬불꼬불 아득히 이어진 그리움 사라지고
개울 건너 석 집 외딴 마을에 남은 한 집도
공장 창고 같은 외양간에 소똥 냄새

1980년대까지 흔적만 남았던 콩밭 사이 학교 길은
학교 위 봇도랑(농수로)에서 끊겼다
옛길 가늠하여 찾은 키를 넘던 돌 더미도
가슴 아래 움츠리고 있으니
죽은 이웃 형이 돌을 구워 언 손에 들려주던 곳인 줄
누가 알겠는가
밭을 가로질러 깊이 판 도랑도 보는 사람 없으니
하굣길 조무래기들 숨어서 쥐불 놓던 곳인 줄
누가 알겠는가

사철 바짝 마른 자갈 바닥에 찔레만 자라
큰물 때나 땅 짚고 물장구치던 개울에
메뚜기 잡던 여름도 연 날리던 겨울도 보이지 않고
섬뜩하게 높은 제방 아래 외양간 폐수가 사철 흐른다

5월 종달새 쫓던 보리밭 푸른 물결도
감나무 그늘로 바뀌어
옛 길 삼킨 밭은 낯설다 하고
먼 산등성이도 나를 두고 하늘만 본다.

이별가 6(큰 거랑*)

개울가 외딴 집 띄엄띄엄 다섯 채 있었지

부채따물 끝, 아까시나무 숲에 가렸던 집은
20년 전에 주인 잃고 쓰러지고
나뭇길 쉼터였던 개울가 집터는
30년 전에 뜯겨 공장만 한 외양간 끝이 되고
방문 앞 청석靑石에 고무신으로 피라미 잡던 오두막은
40년 전 비바람에 쓰러지고 집터조차 없다
바래미기 아래 개울가 미루나무 뒤 안채 사랑채는
50년 전에 큰골못(大谷池) 바닥이 되고
큰골(大谷) 산지기 집은 커다란 상수리나무만 남기고
산지기 집 텃밭은 바랭이가 콩을 덮은 지 10년이다

마을 사이, 이웃 사이 거미줄 같은 지름길이 있었지

산으로 오르던 길은 끊어지고 끊어지고
윗마을 사람들 5일장에 가던 길도 없어졌다
지름길인 옛길은 밭둑으로 변하고
에둘러 가는 자동차 길이 옛길을 끊고 막아
달구지 겨우 다녔던 옛 큰길은 허물*만 남겼다

새로 난 봇도랑과 공동묘지 사이 외양간은
읍사무소만 한 모범농가로 자라서
고향 떠날 때도 보지 못했던 나무들이
사천왕보다 당차게 서서 나를 쏘아보니
여기가 고향이 아닌 것 같다.

* 거랑: 시내. 사투리 말.
* 허물: [명사] 1. 살갗에서 저절로 일어나는 꺼풀.
2. 파충류, 곤충류 따위가 자라면서 벗는 껍질.

이별가 7(나뭇길)

청솔가지 감춘 나뭇짐 산등성이에 감추고
산 아래 산막을 염탐하던 민둥산에
산지기도 나무꾼도 없다

썩은 나무뿌리까지 땔감으로 캐낼 때에는
한눈에 오솔길까지 보였는데
잡초조차 키를 넘어
동으로 내민 발이 서로 간다

낙엽을 긁어 바닥이 하얗게 나오고
솔가리를 지고 달려도 걸릴 것이 없던 오솔길에서
두 손으로 숲을 헤쳐 겨우 지나다가
썩은 낙엽에 발이 빠진다

옛길 더듬다가 만난 작은 바위
꼴망태 던져놓고 송기* 꺾던 곳이 분명하고
산 중턱 양지밭 너덜* 아래 지하수로 흐르는
골골골 샘물 소리 변하지 않았다

고향에 살았다면 잊었을 너
새파랗던 아이가 흰머리로 찾아와
고향만 변하지 말라니
웃음이 나오다가도
옛 모습 고향에만 옛사람이 있으니
눈물이 난다.

* 송기松肌: [명사] 소나무의 속껍질. 쌀가루와 함께 섞어서 떡이나 죽을 만들어 먹기도 한다. ≒송피松皮.
* 너덜: [명사] 돌이 많이 흩어져 있는 비탈.≒너덜1, 돌너덜.

이별가 8(추억만 아름다워)

찾을 때마다 달라지고
아는 사람 줄어든다
옛 풍경으로 돌려놓으려는 어리석음이여
풍경을 돌려놓은 들 잠든 사람들이 돌아올까

산등성이만 물 위에 어리는 고향도 있고
우람하던 당산나무 자리에 빌딩이 선 고향도 있고
38선 너머 구름조차 볼 수 없는 고향도 있다

내 고향은 들이 그대로 산이 그대로
봄바람 가을꽃이 그대로 있다
옛집과 골목을 이별가에 모아두고
타향 여기저기 나비처럼 다니다가
고향 집 엄마 찾아 밥 먹으러 간다 말하리라
여기가 생사를 모르는 병규와 품앗이하던 논이고
저기가 이민 간 종구 살던 집터이고
나는 오늘 옛집 담 밑에 서서
앞집 어여쁜 숙이 콧노래 듣는다고
아쉬움 없이 말하리라.

고향 처녀 1(약수터에서)

초등학교 3학년
삼촌을 따라간 검단약수터*
왕복 40 리
들길 지나 고개 넘어 천수답 못자리를 지나고
초롱꽃도 민들레도 꺾으며
읍내 학교 아이들을 놀려대며 갔다

요새는 불량식품으로 팔지도 못할
꼬챙이에 끼워 팔던 아이스케키
내 또래인 천사는 나를 보지 못하고
귀한 아이스케이크만 먹고 있었다

삼촌과 누나의 재촉에 황망히 자리를 옮겼다가
돌아보니 그 애
어느 새 사라지고
내 마음만
사방초등학교 그 애 이름표에 있었다.

* 경북 경주시 안강읍 무릉산 남쪽 자락 검단 마을 뒤에 있음.

고향 처녀 2(능골)

초등학교 4학년, 시샘한 아이들이
'유리 팽대이'라고 이름 붙인 아이
솔밭길에 우연히
뛰는 가슴 억누르며 뒤따르다가
그녀가 돌아보고 웃어서
황급히 고개 돌렸다

송림 그늘 지나고, 잔솔밭 지나고
웅덩이 못 지나면
그 아이 '감나무밭 집'이 있었다
흰 구름 뜬 하늘에서
종달새가 보리밭으로 숨어들고
봄볕에 팔락이는 나비들도
담장 밑 무우 밭에 날아들었다
황사 너머 뿌연 뒷산에는 만발한 진달래
다발 만들어 주고 싶었다

세월 지나
동기회에서 만난 그 아이
성숙한 처녀가 되려고
앳된 귀여움 다 써버렸다.

고향 처녀 3(황새말)

학교 뒷길 접어들면
하늘색 천사가
봄나물을 캔다
교실에서 내내 신비롭던
하늘색 망사 원피스가
가냘픈 손에 호미를 들고
소꿉놀이 예쁜 바구니 들고 · · ·

그 애는 땅만 보고
나는 모퉁이 돌아갈 때 훔쳐본다
어디로 갔을까
6학년이면
측백나무 생울타리 그늘에
나물이 없음은 알 텐데
봄바람의 내숭도 알 텐데
어제처럼 오늘도
훔쳐볼 때까지
기다려 주지 않고.

고향 처녀 4(아지매)

이까리* 목에 감은 소는 산에 올리고
사내아이들은 꼴 벤다
산 그늘 내려올 때까지 기나긴 시간
계집아이들은 그늘에 둘러앉아 짜구* 받는다

짜구 받던 아이 하나
햇볕 쪼여 따뜻해진 바위에 반듯이 누워
눈을 감는다
집에 가려면 아직 멀었구나
또 하늘을 본다

너무 똑똑해서 가까이 갈 수 없는 아이
그 애가 먼 아지매가 아니고
친 누나였으면 좋겠다.

주 1. 이까리: 소를 몰기 위한 밧줄
2. 짜구: 공기받기 놀이
3. 아지매: 숙항(叔行)인 일갓집 여자.

고향 처녀 5(입학식)

중학교 1학년 교복 준비기간
넓은 운동장 가운데 우뚝 솟은
빨간 잠바 단발머리
80m나 멀리 있어도
얼굴색이 너무 곱다

누나에게 물어보니
공부도 잘한단다
가까이 보니 얼굴도 예쁘다만
저렇게 키가 커서
색시감으로는 벅찰 것 같다
아깝다.

고향 처녀 6(중3 봄)

이상하다
저렇게 예쁜데 여태까지 볼 수 없었으니
고개를 다소곳이
수줍은 미소
하얀 얼굴에 묻어 있다

지나가면서 남긴
반쯤 핀 미소, 하얀 손
집에 오는 5리 길
그 애의 미소만 어른거린다

누나에게 이야기했다
그 애가 예쁘다고
친구에게 말했다
참 예쁘다고

중학교 졸업 후
아직 고향에 있다는데
내게는
언제나
꽃봉오리로만 남아 있으려나.

고향 처녀 7(근화여고)

포항발 경주행 통학 열차
객실 입구 첫자리
계란보다는 동그스름하다
우윳빛 얼굴
훈민정음 서문을 외우면서
내릴 때까지 보고 있어도
그녀는 뜨개질만 한다

그녀가 부조역에서 탄다고
누나가 말했다
그러나 그 이상은 부탁하지 않았다

졸업할 즈음부터 볼 수 없었다
줄 끊긴 연이 되어
하늘 끝까지 날아갔는데
지금도 경주 · 포항 기차를 타면
그 처녀 있을까
객실을 둘러본다.

고향 처녀 8(경주여고)

가끔 보아도 알아보지 못하다가
뛰어오는 그를 우연히 보았다
미색도 아닌데 볼수록 …
믿음직하고 건강한 그녀의 늪에 빨려든다
어느새 청령역이 가까워지면
노트를 덮고 그를 찾는다

누나가 주선하려는 것을 말렸다
먼발치에서 보기만 하고 · · ·
누나의 후배인데

어느 외로운 날
사형에게 연락했다
사형은 알아본 뒤
잊으라고
알려하지 말고 잊으라고

믿음직하고
동그스름하고
건강한 맏며느리 얼굴
하얗기만 하지는 않던 처녀를
그냥 잊으라고.

고향 처녀 9(새각단)

마지막 삭풍 지나가는
휑한 들판에
물동이 이고 가는 이팔청춘
가녀린 몸매에
잘록한 허리에
바람에 부대낀 치맛자락이
도도록한 엉덩이를 받쳐주는데
영등할머니 오는 아침
마을로 들어 간다

곱다던 소문대로
정말 곱구나
친지들의 축복 속에
머리 얹어 주고
멀고 험하다는 길
같이 가고 싶었다.

고향 처녀 10(남산여고)

1

고3, 늦은 봄,
경주여고에 혜성처럼 나타났다
인형보다 예쁘다
만월 같은 얼굴에
장미꽃 웃음

마루에 걸터앉아 하늘을 본다
안강 불빛에 하늘이 붉은데
그의 얼굴 보이지 않는다
하늘에 솟은 저 불빛 한 가닥은
웃고 있는 그의 빛일 텐데

주유소는 어디쯤, 그 집 내가 아는데
낮 같이 밝은 안강, 그가 왜 안 보여
먼 하늘 바라보니
별보다 크게 달보다 밝게 반짝이면서
송신탑 끝에서 눈짓하고 있구나.

2

나비보다 가볍게
사뿐사뿐 걷는다
식초만 먹었나, 뼈도 없나
물풀보다 부드럽게
흔들리며 걷는다

으뜸 발레리나,
Corina를 부르며 춤을 추면
먼 곳 나비도 따라 춤춘다
콧대 높은 경주여고
숨을 죽인다

작은 키에 가는 허리
한들한들 걷는다
환하게 피는 얼굴
고개 갸웃 걷는다
찰랑이는 flare
스쳐라도 봤으면
다림질한 흰 교복
티라도 묻혀 봤으면.

고향 처녀 11(풀무단)

코 흘리던 6년 동안은
이름 겨우 알았는데
까마득히 잊고 6년
오늘에사 모란이 활짝 피었다

만원 버스를 내리려는데
천사 같은,
크리스마스 카드의 천사 같은,
그러나
새침데기 가면 쓰고
창밖만 보고 있었다

마주친 눈길 피해버린다고
만원 손님 비집고
어깨 두드릴 처지 아니라
잊었던 생각을 굽이굽이 펼쳐도
그 얼굴이 맞는데
왜 날 몰랐을까
다른 학교가 피워낸 모란이었나.

고향 처녀 12(능골)

봄볕이 박꽃같이 다가온다
시골 처녀답지 않게
처음 보는 총각에게
숨지도 않고 친절하다
어디에서 이사를 왔는지
인사도 먼저 한다

책을 펴면
동생처럼 귀여운
봄볕이 내 책을
그리움으로 가득 채워 놓았다

커다란 눈 까만 눈동자
얇은 듯 투명한 얼굴
날씬한 맵씨
만나자고 말해야 하는데
봄볕은 이미
다른 사람을 쪼여주고 있었다.

고향 처녀 13(노당)

오늘도 그 처녀 만났으면.
연하늘색 옷으로 단장한
내 동생의 동생 같은
'눈먼 아이처럼 귀 먼 아이처럼
조심조심 징검다리 건너던
개울 건너 작은 집에 긴 머리 소녀'*
그 소녀 아닐까

솟아오른 벼 이삭 사랑 맞이 춤 추고
아침에 갔던 교회, 돌아올 때 되었는데
주일 예배 마치고 한참이나 지났는데
어디로 갔을까

길목을 지켜도
오늘 인연은 다했구나
질긴 인연이기를 빌면서
다음 날을 기다리자.

* 오세복 작사, 작곡 '긴 머리 소녀' 일부.

고향 처녀 14(모란)

안강역에서 본 것은 신기루였을까
어깨 각과 허리선을 살린 남색 외투가
하얀 얼굴을 더 하얗게
당당함을 더 당당하게
겨울왕국* 공주였다

엘사도 안나도
예쁜 만큼 차갑거나
배운 만큼 도도한 얼음이 아니었듯이
예쁘고 배웠어도
따뜻하고 겸손한 꽃임을 알 수 있다
밤 하늘 아득히 떠 있어도
낮은 곳으로 내려와 손 잡아주는
마리아의 피가 도는 모란임을 알 수 있다.

* 2013년 미국 월트 디즈니 픽처스와 월트 디즈니 애니메이션 스튜디오에서 제작한 3D 컴퓨터 애니메이션 뮤지컬 판타지 코미디 영화. 주인공은 공주 엘사와 안나 자매이다.

고향 처녀 15(황새말)

갈림길에서 어린 소녀가 짐을 들고 있다
나는 빈 손
짐을 들어주려는데
아줌마가 볼멘소리로 막아섰다
도와주지 못하는 마음 아프구나
아주머니가 수고를 대신한다니
콧노래가 나와야 하는데…

수선화 같은 소녀는 엄마에게 한 번 찡그릴 뿐
우물쭈물 엄마를 따라갔다
무슨 일이 있었길래
벌써 염문이라도 있었던가
지금도 수선화 같은데
이 다음 눈부실 날을 대비한
내 친절이 지나쳤었나.

고향 처녀 16(이웃집)

흰 바지 칼날에 바람도 비껴간다
토라진 얼굴도 예쁘다만
넌 웃을 때가 더 좋아
약속 시간 어긴 친구에게 앙탈은 말고
고혹적인 매력이나 나누어 주렴
우뚝한 키에 날렵한 몸, 새침한 표정
소문난 언니보다 열 배나 탐난다

아름다운 꽃은 빨리 꺾인다지만
너는 오래 버텨라
그림 같은 엄마 모습
엄마 닮은 장미꽃 네 모습
화창한 봄날에 어디가 급하냐.

고향 처녀 17(안계 dam)

산으로 둘러싸인 인적 없는 마을에
아래 윗채 넓은 기와집에 혼자 있는 처녀
머리를 흔들고 다시 보아도
하늘에 오르려는 선녀 아니면
구미호 아닌가

섬돌 아래서
몇 번이나 불렀을 때 겨우 열린 문
"엄니더" 하고는
얼른 닫아버린다
혼사 정한 처녀라서 내외*하는가

모닥불 연기 피듯 피어나는 생각
산과 댐이 막고 있는 이 오지에
방문객을 겁내는 호젓한 마을
반듯한 기와 담장 아래
한 줄 개나리 남은 꽃 지는데
꿈속 마을 꿈속 처녀.

* 內外: [명사] 남의 남녀 사이에 서로 얼굴을 마주 대하지 않고 피함.

고향 처녀 18(옆집 누나)

누나는 까무잡잡했지만
제 엄마를 닮아 호리낭창*했다
누나의 엄마는 하얀 얼굴에 인심도 좋았다

누나가 먼 곳 사과나무집으로 시집갔다
남편이 평생 할 사랑을 너무 빨리한 탓으로
누나는 청상과부가 되었다
티격태격 남들처럼 살았으면 좋았을 걸
누나의 어디가 좋았는지 사람 나름이었다

가요무대 프로의 고운 소리에 끌렸다
가수가 옆집 누나 닮았다고 했더니
어머니도 그렇다고 하였다

그 가수가 노래를 못 했으면
콩밭 매는 아가씨의 수더분함이나
흙 묻은 아주머니의 온화한 미소가
아름다움이란 것을 아직도 몰랐을 것이다.

* 호리호리하고 낭창거림.

고향 처녀 19(꽃과 나비)

소평들 논길, 기계천 모래톱, 산대 과수원,
마을 도래솔, 동네 못 둑, 이웃집 안방
밤길 10리부터 옆집 뒤란까지
낮에는 사람들 눈이 두려워 참았다가
밤이면 꽃과 나비가 만난다
한마을에 살아도 인사조차 안 하던 시절
전하는 말은 아주 짧게
대답은 예, 아니요
사람이 갈라놓은 남녀유별은
자연이 만든 꽃과 나비를 떼어놓을 수 없었다

낮에 전하지 못한 속마음을 밤에 전한다
사람 기척이 있으면 숨조차 죽이고
은밀한 곳이 숲 속만이 아니다
외진 개울가, 사람이 피하는 묘지
밤늦게까지 도깨비도 귀신도 나오지 않았다
어디에서 무슨 일이 일어났고
누구누구가 이러저러했다는 것은 소문일 뿐
아무 일도 일어나지 않았다
들과 숲은 꽃과 나비의 나들이 장소였을 뿐
신은 자연을 찾아나선 꽃과 나비를 지켜주었다.